Layal Abou Abed

Layal Abou Abed

MEINE ALLERLIEBSTEN MÄRCHEN

MEINE ALLERLIEBSTEN MÄRCHEN

DAS SCHÖNSTE DER BRÜDER GRIMM

PREMIO

PREMIO ist ein Imprint der Arcturus Publishing Limited, London,
und der Premio Verlag GmbH, Münster

Copyright © 2011 by Arcturus Publishing Limited
26/27 Bickels Yard, 151–153 Bermondsey Street, London SE1 3HA

Original Concept © 1998 ALP Editions Marshall Cavenish SA
Translation © 2005 Marshall Cavenish Partworks Ltd

Alle Rechte vorbehalten. All rights reserved.

Übersetzung und Satz der deutschen Ausgabe:
Lesezeichen Verlagsdienste, Köln

ISBN 978-3-86706-113-1

Printed in China

www.premio-verlag.de

Inhalt

Der Rattenfänger von Hameln 7

Hänsel und Gretel 23

Der Däumling 39

Aschenputtel 55

Dornröschen 71

Schneewittchen und die sieben Zwerge 87

Rotkäppchen 103

Über die Märchen 119

Der Rattenfänger von Hameln

Es war einmal in der kleinen Stadt Hameln, in der viele reiche Kaufleute wohnten, da hatten die Menschen keinerlei Sorgen. Ihre Speicher waren voll Getreide, und in den Kellern lagerten sie große Fässer mit Wein. Das Leben war angenehm.

Eines Tages aber wurde die Stadt von einer großen Plage heimgesucht: Eine große schwarze Ratte tauchte auf. Sie hatte eine spitze Schnauze und rote Augen. Zunächst beachteten die Bewohner der Stadt sie gar nicht, aber dann kam eine zweite Ratte, eine dritte und eine vierte. Innerhalb weniger Tage wurde die Stadt von Tausenden von Ratten überrannt. Auf den Straßen, Plätzen und sogar in den Häusern, überall sah man diese abscheulichen, furchterregenden Kreaturen.

Sie griffen Katzen, Hunde und Pferde an. Wenn die Menschen versuchten, die Ratten zu vertreiben – etwa mit einem Besen –, kamen sie kurze Zeit später zurück und waren dann zahlreicher als zuvor.

Die Lage wurde unerträglich. Die Einwohner waren besorgt, und so trafen sie sich vor dem Rathaus, um eine Lösung zu finden.

„So kann das nicht weitergehen", sagte ein Bürger. „Die Ratten fressen schlichtweg alles auf. Bald werden sie unsere gesamten Wintervorräte vernichtet haben."

„Bevor die Ratten kamen, war Hameln eine beschauliche, saubere Stadt. Seht euch nur an, was die Ratten daraus gemacht haben", ergänzte ein anderer.

„Wir müssen die Ratten so schnell wie möglich vertreiben. Wir haben schon viel zu lange gewartet", forderte ein weiterer.

Die Menge wurde immer aufgebrachter. Der Bürgermeister von Hameln kam aus dem Rathaus und versuchte, die Menschen zu beruhigen: „Verehrte Mitbürger, wir durchleben eine schwierige Zeit, aber ich bin sicher, dass wir der Rattenplage am Ende Herr werden."

„Hört, hört! Und was wollt ihr unternehmen, um die Tiere aus der Stadt zu jagen?", fragte einer Umstehenden.

„Ich werde die Stadträte zusammenrufen, damit sie eine Maßnahme beschließen."

Die Bewohner von Hameln waren jedoch der Meinung, man habe schon zu viel Zeit verstreichen lassen, und verlangten nach einer sofortigen Entscheidung. Das Erste, was dem Bürgermeister einfiel, ließ ihn in die Hosentasche greifen. Er rief: „Hier ist ein Säckchen voller Goldmünzen. Wer uns die Ratten vom Leibe schafft, soll dies als Belohnung erhalten."

Stille legte sich über den Rathausplatz. Die Menschen dachten angestrengt nach, wie sie an das Gold kommen könnten und was sich damit machen ließe, aber keiner hatte eine Idee, wie man die Ratten loswerden könne. Da erhob sich eine Stimme aus der Mitte der Menge.

„Ich wüsste schon, wie ich es anstellen muss."
Alle drehten sich erstaunt nach dem Mann um, der gesprochen hatte. Sie sahen ihn zum ersten Mal hier in der Stadt, diesen hochgewachsenen, schlanken Fremden mit dem bunten Mantel, den stechenden Augen und dem langen Schnauzbart. In der Hand hielt er eine Flöte.
„Ihr meint, ihr könnt alle Ratten aus der Stadt schaffen?", fragte der Bürgermeister begeistert.
„Gewiss, und ich verspreche, dass sie nicht zurückkommen werden", sprach der Spielmann.

Die Menschen waren sprachlos, und auch der Bürgermeister wusste nicht so recht, was er davon halten sollte.

„Nun denn, wenn ihr so genau wisst, was zu tun ist: Worauf wartet ihr noch?", forderte er den Flötenspieler auf.

„Zunächst müssen wir noch über die Bezahlung sprechen. Das Beutelchen voll Gold scheint mir ein allzu dürftiger Lohn zu sein. Ich verlange ein Goldstück für jede Ratte, die die Stadt verlässt."

Ein Murmeln und Murren ging durch die Menge.

„Ein Goldstück für jede Ratte?", schrie der Bürgermeister. „Aber das ist ganz und gar unmöglich! Es gibt mehrere Hundert oder gar mehrere Tausend Ratten dieser Tage in Hameln."

„Es sind eine Million", berichtete der Fremde mit ruhiger Stimme. „Und darum verlange ich eine Million Goldstücke."

„Das muss ich zuerst überdenken. Ich werde den Stadtrat dazu befragen müssen. Das ist eine unglaubliche Summe, die ihr da verlangt!", sprach der Bürgermeister.

„Ihr habt Zeit bis morgen früh", bestimmte der Spielmann mit einem Lächeln.

Der Stadtrat wurde eiligst einberufen.

„Dieser Mann ist unsere letzte Hoffnung, wohl wahr. Aber ein Goldstück für jede Ratte scheint mir viel zu viel", fasste der Bürgermeister zusammen.

„Wir werden danach die Steuer erhöhen müssen. Das Volk wird klagen und einen anderen Bürgermeister wählen", befürchtete ein Mitglied des Stadtrats.

„Nun wartet doch erst einmal ab. Wer sagt denn, dass wir ihm das ganze Geld geben müssen?", rief der Bürgermeister dazwischen. „Wir nehmen seinen Vorschlag an, er entledigt uns der Ratten, und hinterher jagen wir ihn einfach ohne Bezahlung davon."

Alle Stadträte klatschten begeistert, und der Bürgermeister – sehr zufrieden mit sich und seinem Plan – ging in den Rathaushof. Der Spielmann saß beim Brunnen und reinigte seine Flöte.

„Fremder", sprach der Bürgermeister ihn an, „wir willigen ein. Euer Preis ist angemessen, wenn es euch gelingt, uns von der Rattenplage zu befreien. Wann könnt ihr beginnen?"

„Noch heute Nacht", antwortete der Flötenspieler. „Sagt allen Bewohnern der Stadt, dass sie in ihren Häusern bleiben sollen."

Glücklich, dass seine List gelungen schien, ging der Bürgermeister nach Hause zu seiner Frau und seinen sechs Söhnen. Sie erwarteten ihn schon und waren verzweifelt wegen der Ratten. Den ganzen Tag hatten sie vergeblich versucht, die Tiere aus dem Haus zu treiben.

„Sorgt euch nicht weiter", beruhigte er die Familie. „Morgen ist dieser Alptraum vorbei, und in Hameln wird man keine einzige Ratte mehr finden."

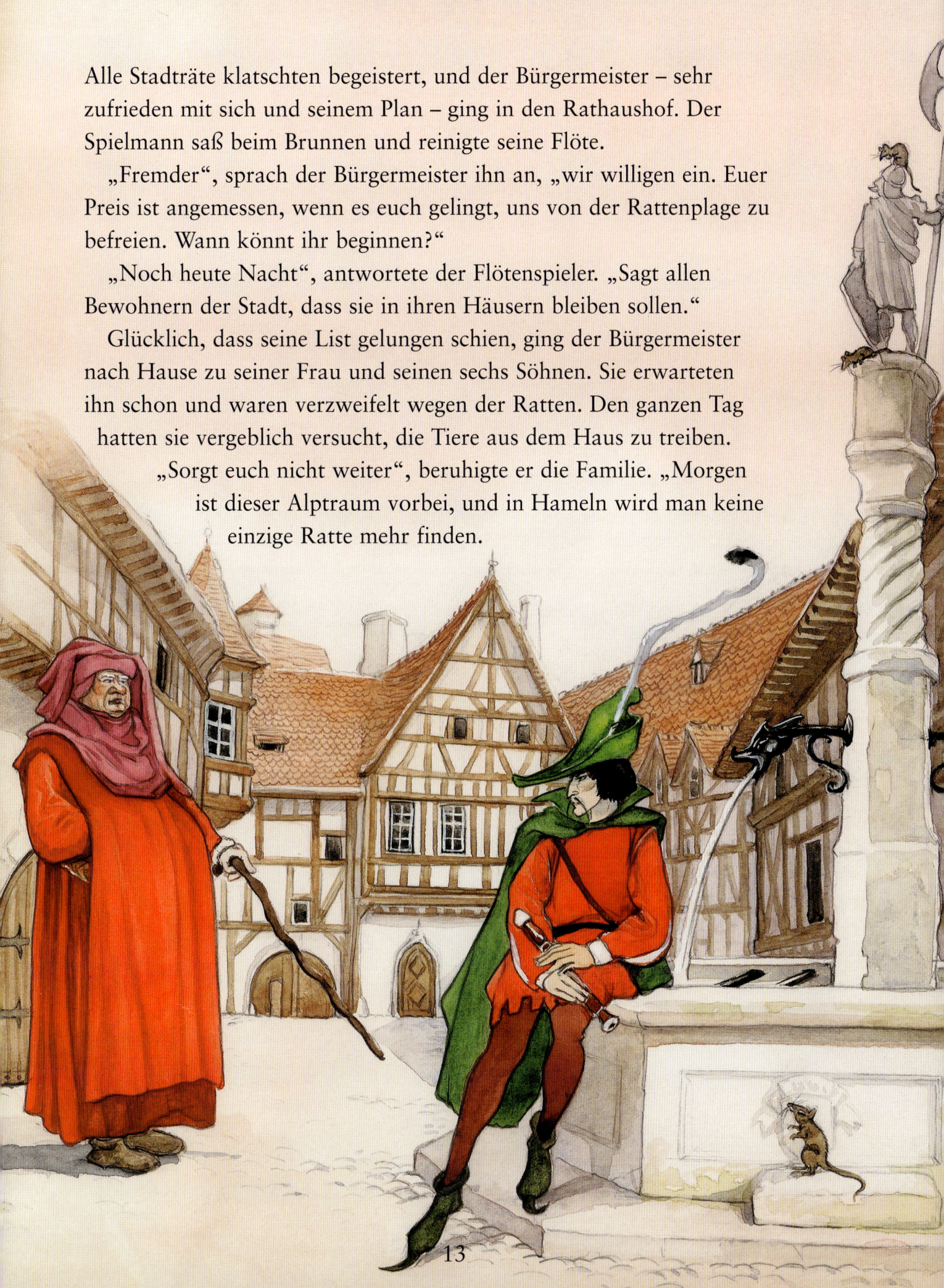

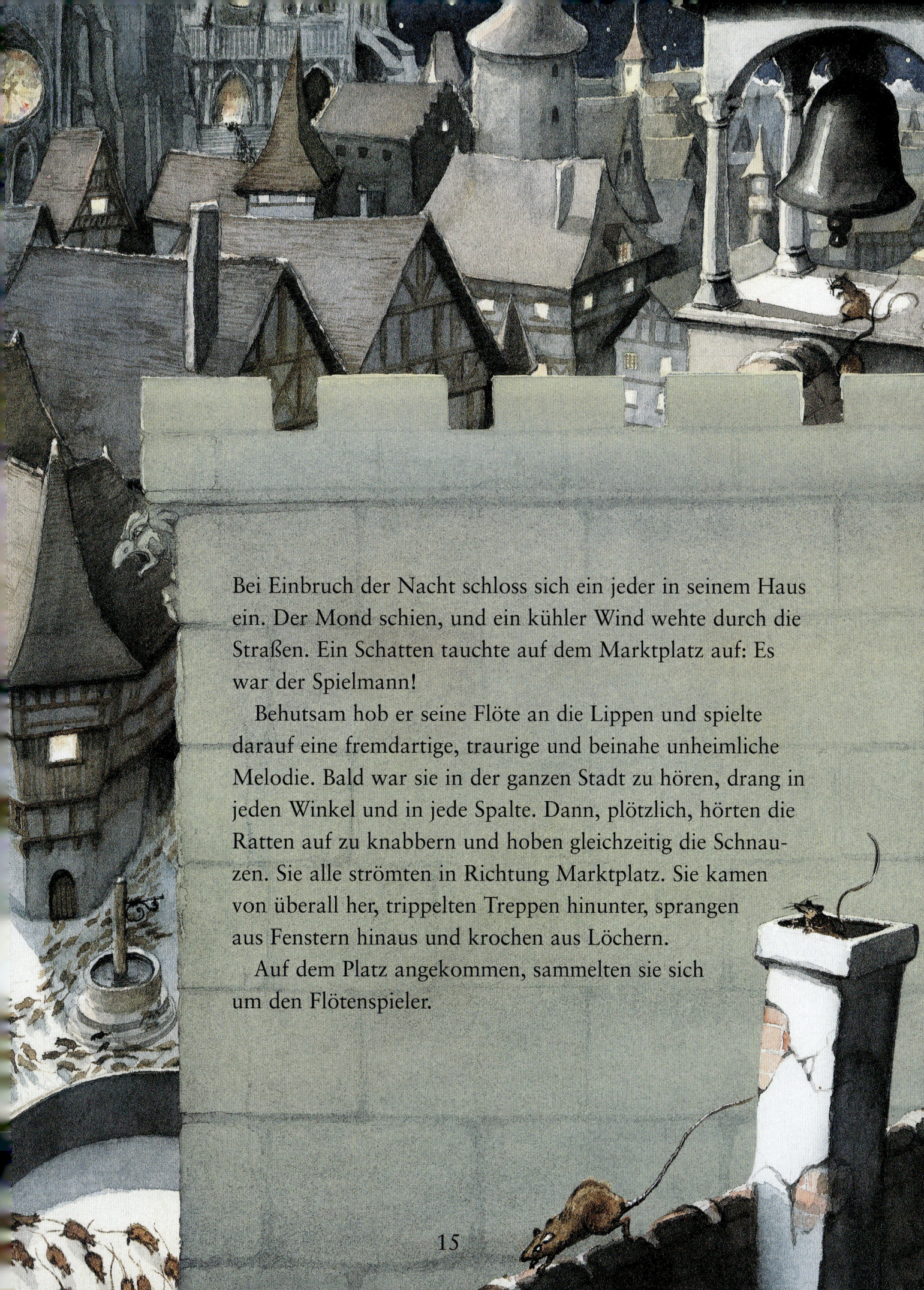

Bei Einbruch der Nacht schloss sich ein jeder in seinem Haus ein. Der Mond schien, und ein kühler Wind wehte durch die Straßen. Ein Schatten tauchte auf dem Marktplatz auf: Es war der Spielmann!

Behutsam hob er seine Flöte an die Lippen und spielte darauf eine fremdartige, traurige und beinahe unheimliche Melodie. Bald war sie in der ganzen Stadt zu hören, drang in jeden Winkel und in jede Spalte. Dann, plötzlich, hörten die Ratten auf zu knabbern und hoben gleichzeitig die Schnauzen. Sie alle strömten in Richtung Marktplatz. Sie kamen von überall her, trippelten Treppen hinunter, sprangen aus Fenstern hinaus und krochen aus Löchern.

Auf dem Platz angekommen, sammelten sie sich um den Flötenspieler.

Bedächtig ging
der Flötenspieler
zum Stadttor und spielte dabei
ohne Unterlass seine wundersame Melodie.
Der Strom der Ratten folgte ihm wie hypnotisiert.
Von ihren Fenstern aus sahen die Bewohner von Hameln die
Ratten vorbeiziehen und konnten es gar nicht glauben.

Der Rattenfänger ging zur Weser, dem Fluss vor den Toren der Stadt. Am Ufer blieb er stehen, schaute auf die unzähligen Tiere, die ihn mit ihren Knopfaugen anstarrten. Dann rief er ihnen einen Befehl zu: „Springt!"

Ohne auch nur einen Moment zu zögern, warfen sich die Ratten in das kalte Wasser und gingen eine nach der anderen unter.

Als keine einzige Ratte mehr übrig war, beendete der Spielmann sein Lied und kehrte in die Stadt zurück. Die Nacht war stockfinster, und alle Welt schlief.

Bei Tagesanbruch klopfte der Flötenspieler an die Tür des Bürgermeisterhauses. Nach einer Weile öffnete der Hausherr die Tür. Er trug noch sein Nachtkleid und die Schlafmütze.

„Nicht eine einzige Ratte ist mehr in der Stadt", verkündete der Rattenfänger. „Ich komme zu holen, was mir versprochen wurde: eine Million Goldstücke."

„Und wo sind die Ratten hin? Wie kann ich wissen, dass sie nicht wiederkehren", fragte der Bürgemeister unfreundlich.

„Ich habe sie in der Weser ertränkt. Mein Teil der Abmachung ist erfüllt. Nun seid ihr an der Reihe", sprach der Spielmann nachdrücklich.

„Wie bitte? Ich soll für Ratten zahlen, die weggelaufen sind? Ihr bekommt eine Goldmünze für jede tote Ratte. Bringt sie also her zu mir!"

Und damit schlug der Bürgemeister die Türe zu. Der Fremde starrte auf die Tür. Drinnen hörte er ein kleines Kind im Schlafe reden. Dabei kam ihm eine Idee.

„Ich werde schon noch Mittel und Wege finden, damit sie mich für meine Dienste bezahlen", murmelte er bitter vor sich hin. Er machte auf dem Absatz kehrt und ging fort.

Etwas später ließ der Bürgermeister alle Einwohner der Stadt auf dem Rathausplatz zusammenkommen und war guter Dinge, als er zu ihnen sprach:

„Meine lieben Mitbürger, ich habe Hameln von einer üblen Plage befreit. Keine einzige Ratte ist mehr in der Stadt. Um diesen Umstand gebührend zu feiern, sei heute Abend jedermann ins Rathaus zu einem großen Festessen eingeladen.

Am Abend brachten alle Hamelner Bürger ihre Kinder zu Bett und gingen zum Bankett des Bürgermeisters. Dort aßen, tranken und tanzten sie die ganze Nacht lang. Derweil ging der Rattenfänger allein durch die Straßen.

Der Mond ging auf, und ein kühler Wind blies. Der Spielmann setzte seine Flöte an die Lippen und spielte eine heitere Melodie, die bis in die tiefsten Winkel des Städtchens drang. Auf einmal öffnete sich Haustür um Haustür …

... und alle Kinder kamen und versammelten sich bei dem Flötenspieler. Dieser ging auf das Stadttor zu und hörte dabei nicht auf zu spielen. Die Kinder lächelten und summten, während sie ihm folgten wie im Traum. Sie konnten ihre Augen nicht von ihm wenden. Bald erreichten sie die Weser. Der Spielmann ging mit allen Kindern über die Brücke und erklomm den Berg auf der anderen Seite des Flusses. Die Kinder folgten ihm ohne Mühe. Die größeren unter ihnen trugen die kleineren, aber alle lachten und waren vergnügt.

Am Ende waren sie samt und sonders im Dunkel der Nacht verschwunden.

Als die Erwachsenen nach Hause kamen, suchten sie vergeblich nach ihren Kindern. Auch der Bürgermeister lief durch alle Räume und rief verzweifelt nach seinen Söhnen, aber sie waren verschwunden. Schließlich fand er ein Stück Papier, das an seine Haustür geheftet war:

Als Lohn für die Vertreibung von einer Million Ratten erhalten: 253 Kinder aus der Stadt Hameln.

Der Bürgermeister war völlig verzweifelt. Seit diesem Tage hielt der Bürgermeister alle seine Zusagen ein, bis hin zur kleinsten Kleinigkeit.

Die Kinder von Hameln sind nie wieder zurückgekehrt, aber selbst heute noch, an nebligen Abenden, wenn der Mond aufsteigt und der Wind kühl bläst, hört man aus der Ferne, von der anderen Seite der Weser, eine seltsame Melodie, gespielt von einer Flöte und begleitet von Kinderlachen.

ENDE

Hänsel und Gretel

Es war einmal vor langer Zeit, da lebte ein armer Holzfäller mit seiner Familie in einem kleinen Häuschen aus Holz und Schilf am Rande eines verwunschenen Waldes.

Seine erste Frau war gestorben, so heiratete er erneut. Die neue Frau war immer übel gelaunt. Dennoch war der Holzfäller glücklich, denn aus seiner ersten Ehe hatte er zwei wunderbare Kinder: einen tüchtigen Sohn, der hieß Hänsel, und ein hübsches Mädchen, das hieß Gretel.

In einem Jahr kam eine schreckliche Hungersnot über das Land, und als dann der kalte Winter kam, war die Speisekammer des armen Holzfällers leer.

„Was soll nur aus uns werden? Wir haben kein Brot mehr, um die Kinder satt zu machen. Wir müssen uns etwas einfallen lassen, sonst werden wir alle hungers sterben", jammerte der Holzfäller. Seine garstige Ehefrau hatte einen grausamen Vorschlag: „Morgen bei Sonnenaufgang werden wir Hänsel und Gretel tief in den Wald führen und sie dort zurücklassen. Den Weg zurück werden sie niemals finden, und so sind wir sie für immer los. Dann sind zwei Mäuler weniger zu stopfen."

„Aber das kann ich nicht tun, es sind doch meine Kinder!", entgegnete der Holzfäller verzweifelt.

„Willst du lieber vor Hunger sterben, Mann?", fuhr die Frau ihn an.

Der arme Holzfäller weinte sich die Augen aus, aber er fürchtete die Wutausbrüche seiner Frau, und so gab er schließlich nach.

Nebenan schliefen Hänsel und Gretel noch nicht, sondern hörten die Worte der bösen Stiefmutter. Gretel schluchzte: „Oh, mein lieber Bruder, ich will nicht in dem dunklen Wald ausgesetzt werden. Ich habe Angst vor Hexen!"

Hänsel nahm seine Schwester in den Arm und tröstete sie.

„Hab keine Angst, Gretel. Großvater hat mir gezeigt, wie man seinen Weg markiert, sodass man immer wieder nach Hause zurückfindet. Du wirst schon sehen."

Mitten in der Nacht stand Hänsel auf. Als er sicher war, dass sein Vater und seine Stiefmutter fest schliefen, ging er hinaus und sammelte kleine weiße Kieselsteine. Danach schlich er mucksmäuschenstill wieder ins Bett.

Früh am Morgen kam die Stiefmutter in das Zimmer der Kinder und befahl: „Los, raus aus den Betten, ihr Faulpelze! Wir gehen in den Wald, Brennholz sammeln."

Gretel zog ihre alte Schürze über und versuchte, die Tränen zurückzuhalten. In seiner Hosentasche hielt Hänsel die Kieselsteine, die er gesammelt hatte. Die Stiefmutter konnte es gar nicht abwarten, die beiden Kinder loszuwerden, und lief geradewegs in den Wald hinein. Hänsel ließ immer wieder einen Kiesel hinter sich fallen. Nach einem langen Marsch blieb die böse Stiefmutter stehen.

„Ruht euch hier unter der Eiche aus. Wenn ich genug Brennholz gesammelt habe, hole ich euch ab", sagte sie in unfreundlichem Ton.

Hänsel wusste natürlich, dass die Stiefmutter log und die Kinder nicht abholen würde. Er setzte sich mit seiner Schwester unter die Eiche. Trotz der Kälte schliefen sie ein. Als Hänsel und Gretel aufwachten, war es dunkel. Niemand würde sie hier abholen kommen. Ein eisiger Wind blies, und Gretel begann vor Angst zu weinen.

„Sei tapfer, Gretel", sagte Hänsel.
„Wenn der Mond scheint, können wir die weißen Kiesel sehen, die ich auf den Weg gestreut habe. So finden wir den Weg und sind gegen Morgen wieder daheim."

Die beiden Kinder wanderten die ganze Nacht durch den Wald, immer an den Kieselsteinen entlang, und hofften, dass ihnen keine Hexe begegnete. Bei Morgengrauen kamen sie an.

Der Holzfäller war außer sich vor Freude. Er umarmte die Kinder und küsste sie. Hänsel und Gretel waren so glücklich, ihren Vater wiederzusehen, dass sie alle Erschöpfung und den Hunger vergaßen.

Als die Stiefmutter die Kinder sah, schimpfte sie mit ihnen: „Wo wart ihr denn, ihr Bälger? Ihr habt mir nicht gehorcht! Euer Vater und ich waren krank vor Sorge."

Hänsel und Gretel antworteten nicht, denn das hätte sie nur noch wütender gemacht. Völlig entkräftet legten sie sich in ihre Betten. Die Frau des Holzfällers wartete eine Weile, bis sie glaubte, die Kinder schliefen, schloss alsbald die Tür und sprach zu ihrem Mann:

„Morgen früh werden wir sie noch weiter in den Wald führen. Diesmal werden sie den Heimweg bestimmt nicht finden. So sind wir sie für immer und ewig los."

Der verzweifelte Holzfäller wollte widersprechen, aber sein Weib schrie ihn an: „Sieh dich doch um! Wir haben nichts mehr zu essen. Nur ein Stückchen Brot ist noch übrig. Ich will nicht verhungern wegen deiner verfressenen Kinder. Es gibt keine andere Lösung."

Abermals weinte der Holzfäller bittere Tränen, aber am Ende gab er wieder nach. Zum Glück hatte Hänsel auch dieses Gespräch mitgehört. Er versuchte, draußen neue Kiesel zu sammeln, aber diesmal war die Haustür verschlossen. Also ging er wieder zu Bett und überlegte sich etwas anderes.

Am nächsten Tag weckte die Stiefmutter die Kinder vor Sonnenaufgang. Jeder bekam ein winziges Stück Brot, und sie führten die Kinder noch tiefer in den Wald als am Tag zuvor.

Da Hänsel diesmal keine Kiesel hatte, zerbröselte er sein Stück Brot und warf die Krümel auf den Weg. Als es Nacht wurde, waren die beiden Kinder abermals allein – mitten im Wald ausgesetzt. Der Mond schien, und die beiden hielten Ausschau nach den Brotkrumen, die ihnen den Heimweg weisen sollten. Aber die Vögel hatten alles aufgepickt. Es gab keine Krümelspur.

Drei lange Tage und Nächte irrten Hänsel und Gretel durch den finsteren Wald. Sie hatten sich hoffnungslos verlaufen. Gretel war am Ende ihrer Kräfte und brach zusammen.

„Wir sind verloren. Wir werden bestimmt von Hexen aufgefressen", jammerte und weinte sie.

Auch Hänsel hatte der Mut verlassen. Es gab grausige Gerüchte über die Hexen im Wald, die ihm das Blut in den Adern gefrieren ließen. Völlig ratlos legten die Kinder sich hin, um auszuruhen. Am nächsen Morgen wurden sie vom Gesang eines Rotkehlchens geweckt. Hänsel nahm seine kleine Schwester an die Hand, und sie machten sich auf den Weg, in der Hoffnung, doch noch den Heimweg zu finden. Sie waren noch nicht weit gegangen, da sahen sie Rauch, der aus einem Kamin aufstieg. Ganz in der Nähe gab es also ein Haus, und es war jemand darin.

„Wir sind gerettet!", riefen die Kinder.

Als sie sich dem Haus näherten, sahen sie zu ihrer großen Verzückung, dass es ganz und gar aus Kuchen und anderen Süßigkeiten bestand: Das Dach war mit Schokolade gedeckt, die Wände waren aus Lebkuchen, glasiert mit Marmelade und verbunden mit feinster Buttercreme.

Hänsel stieg sogleich aufs Dach und aß ein Stück vom Kamin. Gretel brach ein Stück aus der Mauer und schleckte die Marmelade ab. So etwas hatten sie noch niemals gekostet! Doch plötzlich drang eine fremde Stimme aus dem Häuschen:

„Knusper, knusper, Knäuschen, wer knuspert an meinem Häuschen?"

„Der Wind, der Wind, das himmlische Kind!", antworteten die Kinder kichernd.

„Es hört sich wohl eher nach Kindern an. Ach, ich liebe Kinder. Kommt rein, meine Lieben, setzt euch an meinen Tisch, und ich werde euch ein Festmahl bereiten."

Hänsel und Gretel waren immer noch hungrig, also liefen sie flink in die Küche. Die Haustür fiel zu, und eine grässliche Hexe stand vor ihnen. Ihr Rücken war bucklig, ihre Zähne schwarz. Ihr Haar war wie Spinnweben, und auf ihrer krummen Nase saß eine dicke Warze.

Die Hexe packte Hänsel am Arm und sperrte ihn in einen Käfig. Dann band sie Gretel am Tisch fest.

„Hahaa!", triumphierte sie. „Du wirst mein Festmahl sein, aber ich werde mich noch ein wenig gedulden, bis du fetter geworden bist."

Zunächst gelang es Hänsel und Gretel noch, auf die Süßigkeiten und Pasteten, die die Hexe ihnen anbot, zu verzichten, aber nach einer Weile war Hänsel so hungrig, dass er all die guten Dinge verspeiste.

Nach einer Woche hatte er so viel zugenommen, dass die Hexe es an der Zeit fand, ihn selbst zu Abend zu essen.

„Ah, lecker, lecker! Der Knabe wird mir eine Delikatesse sein", zischte die Hexe und begutachtete Hänsel gierig.

Sie entzündete ein Feuer, um den armen Hänsel zu braten. Dieser zitterte vor Angst. Dann band sie die ebenso ängstliche Gretel los.

„He, Mädchen, du kletterst in den Ofen und sagst mir, ob der Ofen heiß genug ist, um deinen Bruder darin zu braten!"

„Ich bin noch nie in einen Ofen geklettert. Ich weiß gar nicht, wie das geht. Kannst du es mir zeigen?", fragte Gretel unschuldig.

„Du dummes Ding! Schau, so geht es!", schimpfte die Hexe.

Während sie das sagte, kletterte die Hexe in den Ofen. Blitzschnell schlug Gretel die Ofentür zu. Die Hexe schrie wie wahnsinnig, als sie verbrannte. Das kleine Mädchen nahm den Schlüssel zum Käfig vom Haken und befreite Hänsel.

„Ich habe die Hexe verbrannt. Sie ist tot, und wir sind frei", jubelte Gretel und umarmte ihren Bruder.

Im Wohnraum des Hexenhauses stand eine große hölzerne Truhe. Hänsel und Gretel öffneten sie neugierig. Darin fanden sie die wunderbarsten Juwelen und Beutel voller Goldstücke. Wohl niemals gab es so viel Reichtümer in einer einzigen Kiste.

Die Kinder füllten ihre Taschen mit den Kostbarkeiten und liefen davon. Draußen im Wald schien die Sonne. Da Hänsel und Gretel nun kräftiger waren von den vielen Leckereien, fanden sie schließlich den Heimweg.

Ihr Vater war so glücklich, seine Kinder wiederzusehen, dass er es gar nicht fassen konnte. Die böse Stiefmutter war in der Zwischenzeit gestorben, und der Holzfäller hatte sich sehr einsam gefühlt ohne seine Kinder.

Gretel schüttelte Unmengen von Edelsteinen aus ihrer Schürze. Hänsel holte Goldstücke aus seinen Hosentaschen. So mussten sie nie wieder hungern, und die Kinder lebten glücklich und zufrieden bei ihrem Vater am Rande des großen Waldes.

ENDE

Der Däumling

Es waren einmal ein Holzfäller und seine Frau, die lebten in einem kleinen Haus am Waldrand. Sie liebten einander sehr und waren sich selbst genug. Dennoch fehlte ihnen zu ihrem Glück ein Kind. Eines Abends sagte die Frau: „Ach, wenn wir doch nur ein Kindlein hätten. Und wenn es nur ein ganz kleines wäre, nicht größer als ein Daumen. Ich wäre so glücklich! Und wir würden es von ganzem Herzen lieb haben."

Ein Jahr später bekam die Frau ein Kind. Es war von gewöhnlichem Äußeren, aber nicht größer als ein Daumen, darum nannten der Holzfäller und seine Frau es den Däumling.

Die Jahre vergingen. Die Eltern liebten den Däumling, und es fehlte ihm an nichts. Er war zwar so klein wie eh und je, aber er war pfiffig und klug, und es gelang ihm alles, was er anfing.

Eines Tages ging der Holzfäller in den Wald, um Holz zu schlagen. Er war danach sehr erschöpft und seufzte:

„Ach, wenn doch nur jemand anderes den Karren für mich zum Wald lenken könnte."

„Vater, ich kann doch das Pferd führen, wenn du es möchtest", bot der Däumling an.

„Aber du bist doch viel zu klein", sagte der Vater und lachte. „Wie willst du denn die Zügel halten?"

„Ich brauche die Zügel nicht", antwortete der Däumling. „Setz mich in das Ohr des Pferdes, und ich sage ihm, wie es zu gehen hat."

So setzte der Holzfäller den Däumling in das Ohr des Pferdes und setzte sich selbst auf den Karren. Es sah so aus, als gehorche das Pferd einem unsichtbaren Kutscher. Bei der letzten Wegbiegung vor dem Wald standen zwei Männer am Wegesrand. Die waren sehr verwundert, als sie eine Stimme hörten: „Hü! Hier entlang!"

Neugierig geworden, folgten sie dem merkwürdigen Karren in den Wald und verbargen sich an der Stelle, wo der Holzfäller die Baumstämme stapelte. Der Junge rief seinem Vater zu: „Siehst du Vater, man muss nicht so groß wie du sein, um ein Pferdefuhrwerk zu lenken."

Der Vater stieg vom Karren, nahm seinen winzigen Sohn und setzte ihn auf eine Ähre. Als die beiden Männer den kleinen Jungen sahen, waren sie nicht wenig erstaunt.

„Der Knirps könnte uns reich machen, wenn wir ihn mit in die Stadt nähmen", murmelte einer von ihnen.

Sie gingen zum Holzfäller und sprachen ihn an: „Verkauf uns den kleinen Burschen, es wird ihm gut gehen bei uns."

„Seid ihr nicht ganz bei Trost. Das kommt überhaupt nicht in Frage. Für alles Gold der Welt würde ich meinen Sohn nicht hergeben", antwortete der Holzfäller.

Aber der Däumling hörte das Angebot der beiden Männer und flüsterte seinem Vater ins Ohr:

„Vater, das ist doch eine gute Gelegenheit, an Geld zu kommen. Und ich kann ein wenig über Land reisen. Zögere nicht, verkauf mich! Ich finde schon wieder zurück. Mach dir keine Sorgen!"

Der Holzfäller überlegte eine Weile, aber der Däumling drängte ihn so sehr, dass er am Ende nachgab. Er handelte einen ordentlichen Preis mit den Männern aus und verabschiedete sich von seinem Sohn.

„Wo sollen wir dich hinsetzen", fragten die Männer ihn beim Aufbruch.

„Och, setzt mich einfach in die Krempe eures Hutes", antwortete der Däumling. „So kann ich umhergehen und mir die Gegend anschauen."

Der Mann setzte den Däumling vorsichtig auf seinen Hut, und so brachen sie auf. Als es Abend wurde, sagte der Däumling zu dem Mann, der ihn trug: „Setzt mich bitte auf dem Boden ab."

„Aber du störst mich nicht. Bleib dort – du wiegst ja nicht mehr als ein Vogelklacks", gab der Mann zurück.

„Ja, schon, aber ich muss meine Beine einmal kräftig ausstrecken, und mir ist es ein wenig schwindlig geworden, dort oben. Los, setzt mich ab!", bestand der Däumling auf seinem Wunsch.

Schließlich setzte der Mann den Däumling am Feldrand auf den Weg. Der Knirps rannte davon, zwischen den Erdklumpen hindurch, und schlüpfte in ein Mauseloch, das er von der Hutkrempe aus entdeckt hatte.

„Guten Nacht, meine Herren. Geht ohne mich heim!", rief er vom Eingang des Mauselochs aus und krümmte sich vor Lachen.

Die beiden Männer jagten hinter ihm her und trieben einen Stock in das Mauseloch, aber es nützte nichts. Sie waren sehr wütend, aber am Ende mussten sie aufgeben.

Der Däumling war erfreut darüber, dass er die beiden Männer genarrt hatte, die dachten, man könne ihn so mir nichts, dir nichts kaufen.

Als der Däumling aus seinem Versteck herauskam, fand er ein leeres Schneckenhaus, in dem er sich einrichtete. Aber er hatte es sich kaum gemütlich gemacht, da hörte er zwei Räuber vorbeigehen.

„Wie können wir bloß heute Nacht in das Haus des Pfarrers einbrechen und ihm sein ganzes Gold und Silber stehlen?", fragte der eine Räuber den anderen.

Der Däumling kam aus dem Schneckenhaus heraus und bot seine Hilfe an: „Ich könnte euch sehr nützlich sein. Ich passe durch einen Fensterschlitz und könnte euch alles anreichen, was ihr wollt."

Am Pfarrhaus angekommen, schlüpfte der Däumling hinein und rief, so laut er nur konnte, den beiden Räubern vor dem Haus zu:

„He, he! Wollt ihr alles, was hier drinnen ist?"

Die verängstigten Räuber flüsterten: „Schrei doch nicht so. Willst du alle aufwecken?"

Aber der Däumling tat so, als habe er nicht verstanden, und rief noch lauter: „Kommt zum Fenster, ich gebe euch alles an."

Vom Lärm aufgeschreckt, sprang die Magd aus dem Bett und öffnete eilig die Tür. Die beiden Räuber liefen hastig davon. Der Däumling aber ging in die Scheune und versteckte sich dort.

Als sie sicher war, dass niemand mehr da war, legte sich die Magd wieder ins Bett. Der Däumling war wieder stolz auf seine List, mit der er die Räuber in die Flucht geschlagen hatte. Zufrieden lächelte er und träumte davon, seine Eltern bald wiederzusehen. Er machte es sich im Heu bequem und schlief friedlich ein.

Früh am nächsten Morgen, als der Hahn krähte, schlief er immer noch. Er schließ so tief, dass er die Magd nicht kommen hörte, die die Kühe fütterten wollte.

Sie nahm eine Heugabel und hob damit eine Portion Heu zur Futterkrippe hinüber. Und darin lag der Däumling, immer noch schlafend. Er wachte erst auf, als er schon im Maul der Kuh war und sie auf dem Heu kaute.

„Ich Ärmster!", schrie er. „Ich werde aufgefressen!"

Von einem Augenblick auf den nächsten war ihm klar geworden, wo er sich befand. Um nicht zermalmt zu werden, rutschte er nach hinten, geradewegs in den Magen der Kuh.

Aber Heuklumpen versperrten ihm den Weg, es gab natürlich kein Fenster und kein Licht. Bald konnte er sich kaum noch bewegen und bekam auch keine Luft mehr.

„Lass mich hier raus, ich flehe dich an! Ich ersticke", rief der Däumling laut.

Die Magd, die gerade die Kuh molk, hörte die gleiche Stimme, die sie auch in der Nacht schon gehört hatte. Sie wurde so von Angst gepackt, dass sie vom Melkschemel kippte und die ganze Milch vergoss. So schnell, als es ihr möglich war, lief sie zu ihrem Herrn.

„Euer Hochwürden, die Kuh spricht", stotterte sie.

„Du musst den Verstand verloren haben", entgegnete der Pfarrer. Neugierig ging er dennoch in den Stall.

Kaum war er dort, rief der Däumling erneut:

„Lass mich hier raus, ich flehe dich an! Ich ersticke."

Der Pfarrer war völlig entsetzt, denn er war davon überzeugt, dass die Kuh von einem bösen Geist besessen sei, und befahl, sie auf der Stelle zu töten. Nachdem man der Kuh die Gurgel durchgeschnitten hatte, wurde sie sogleich zerlegt. Der Magen, in dem ja der Däumling sich befand, wurde zum Abfall geworfen.

Unter größter Mühe zwängte sich der Knirps ans Tageslicht. Kaum hatte er den Kopf an die frische Luft gesteckt, kam ein hungriger Wolf und verschlang ihn mit einem Happs.

Der Däumling, schon wieder verschluckt, war jedoch nicht verzweifelt, sondern sprach aus dem Wolf heraus: „Armer Wolf! Du siehst immer noch hungrig aus. Ich weiß, wo es gute Sachen gibt. Geh in dieses Haus." Er beschrieb ihm den Weg zum Haus seiner Eltern. „Dort gibt es Kuchen, Schinken und Würste. Wenn du durch den Abfluss schleichst, wird dich niemand sehen."
Der Wolf zögerte nicht. Bei Einbruch der Nacht lief er zu des Däumlings Elternhaus und kletterte durch den Abfluss in die Küche. Da fraß er die ganze Speisekammer leer. Sein Bauch war danach so dick, dass er unmöglich wieder durch den Abfluss verschwinden konnte.

Genauso hatte sich der Däumling das alles ausgerechnet. Er schrie aus Leibeskräften und hüpfte wie wild im Magen des Wolfes hin und her.

„Hör damit auf", sprach der Wolf. „Du wirst den ganzen Haushalt aufwecken."

„Na, komm schon. Du hattest dein Festessen", entgegnete der Däumling. „Nun will ich auch meinen Spaß."

Und so lärmte der Däumling weiter, bis er seine Eltern aufgeweckt hatte. Sein Vater eilte mit einer Axt herbei, seine Mutter mit einer Sense.

„Hier bin ich, im Bauch des Wolfes", rief der Kleine.

„Gott sei Dank", riefen beide Eltern glücklich. „Unser lieber Sohn ist nach Haue gekommen."

Der Vater zog dem Wolf mächtig eins über den Schädel, dann schnitten sie den Däumling mit Scheren und Messern aus dem Bauch des Tieres.

„Wir waren außer uns vor Sorge", gestand der Vater und drückte seinen Sohn an die Brust.

„Wenn ihr wüsstet, was mir alles passiert ist", erzählte der Däumling. „Ich dachte ja, es sei ganz einfach, wieder nach Hause zu kommen, aber zuerst musste ich mich in einem Mauseloch verstecken, dann in einem Schneckenhaus. Dann bin ich in einem Kuhmagen gelandet und schließlich im Bauch des Wolfes. Aber nun verspreche ich euch, nie wieder fortzugehen."

„Und wir werden nie wieder so dumm sein, dich zu verkaufen", versprachen seine Eltern und drückten ihn wieder und wieder.

So kam es also, dass der Däumling nach all den Abenteuern zurück zu seinen Eltern fand, denen er fortan nach Kräften half.

ENDE

Aschenputtel

Es war einmal in einem fernen Königreich, da lebte ein reicher Mann mit seinem geliebten Weib. Sie hatten eine Tochter, die war fromm und gut. Doch seine Frau erkrankte leider schwer und starb.

Einige Jahre verstrichen, dann nahm der reiche Mann sich eine neue Frau, die war böse, grausam und stolz. Sie brachte zwei Töchter mit in die Ehe, die ebenso niederträchtig waren wie ihre Mutter. Die Stiefmutter hasste die Tochter ihres Mannes, weil sie freundlich, fleißig und wohlerzogen war. Der Unterschied zu ihren eigenen Töchtern war allzu groß.

Gleich am Tag nach der Hochzeit ordnete sie an, dass das arme Mädchen von nun an alle Hausarbeit erledigen müsse: Sie musste die Töpfe scheuern, das Geschirr abwaschen und die Böden schrubben. Außerdem musste sie die Zimmer der Stiefmutter und der beiden Stiefschwestern aufräumen und sauber halten.

Sie schlief in einer staubigen Dachkammer, und dort hinauf führte nur eine enge, finstere Treppe. Um das arme Mädchen zu ärgern, schütteten die garstigen Schwestern Erbsen in die Asche des Kamins, auf dass sie sie dort wieder herauslesen musste. Darum nannte man die gute Tochter bald nur noch Aschenputtel. Doch selbst in Lumpen gekleidet und mit ungekämmtem Haar war Aschenputtel tausend Mal schöner als die beiden eitlen Stiefschwestern, die sich den ganzen Tag vor dem Spiegel herausputzten.

Aschenputtel war sehr traurig, aber sie beklagte sich nie.

Eines Tages lud der König alle jungen Damen des Reiches zu einem Ball ein, um dem Prinzen eine Freude zu machen. In den folgenden Wochen hatten Aschenputtels Stiefschwestern nur noch ihre Ballkleider im Sinn, sodass sie selbst nur noch mehr Arbeit hatte. Sie musste neben der Hausarbeit noch nähen, wieder auftrennen, bügeln, kürzen und längen.

„Ich", sagte die ältere der beiden, „werde mein rotes Samtkleid mit dem silbernen Kragen tragen."

„Und ich", sagte die andere, „werde den goldbestickten Umhang und mein Diadem mit den Diamanten tragen."

Obwohl die beiden Schwestern Aschenputtel schlecht behandelten, schätzten sie ihre Beratung in Kleiderfragen, weil sie einen guten Geschmack hatte.

„Aschenputtel, möchtest du auch zum Ball gehen?", fragte die jüngere Stiefschwester.

„Ach, verspotte mich nicht. Schau doch nur mein Haar an und meine zerrissenen Kleider."

„Ja, du hast recht", sagte die ältere. „Du würdest lächerlich aussehen und uns blamieren."

Fast jeder würde versucht haben, den beiden eine solche Demütigung heimzuzahlen, aber Aschenputtel war nicht rachsüchtig, sondern kümmerte sich nur umso mehr um die Kleidung der Stiefschwestern.

Schließlich war der Abend des Balls gekommen, und die beiden verließen das Haus – gekleidet in üppig bestickte Umhänge und behangen mit glitzerndem Geschmeide. Von ihrer bescheidenen Kammer aus beobachtete Aschenputtel ihre Abfahrt, bis die Kutsche nicht mehr zu sehen war. Dann konnte sie nicht mehr an sich halten und brach in Tränen aus.

Das Weinen hörte eine gute Fee, die Aschenputtel nicht so leiden lassen wollte. Mit einem Schwung ihres Zauberstabes erschien sie in der Kammer.

„Was ist los, meine Gute?", fragte sie.

„Oh, du liebe Fee. Ich würde so gern zu dem Ball gehen", presste Aschenputtel unter Tränen hervor.

„Nun gut, du sollst zum Ball gehen, und du wirst sogar die Bezauberndste sein. Geh bitte hinunter in den Garten und hole einen Kürbis."

Obwohl Aschenputtel den Sinn der Worte nicht erkennen konnte, ging sie hinaus und holte einen dicken Kürbis. Die Fee hob den Zauberstab und verwandelte ihn in eine wunderbare goldene Kutsche.

„Und nun, mein schönes Kind, brauchen wir eine Ratte und ein paar Mäuse."

Aschenputtel holte eine große Ratte und sechs Mäuschen. Die Fee verwandelte die Mäuse in sechs grau gescheckte Pferde und die Ratte in einen fein gekleideten Kutscher.

„Geh noch einmal in den Garten. Hinter der Gießkanne sitzen sechs schimmernde Eidechsen. Hol sie her!", sagte die gute Fee.

Aschenputtel kehrte mit ihnen zurück, und sie wurden sogleich in sechs schmucke Lakaien verwandelt.

„Nun bist du bereit, zum Ball zu gehen", sagte die Fee und bewunderte stolz die Kutsche.

„Gute Fee, ich möchte nicht unverschämt erscheinen, aber ich bin gekleidet wie eine Bettlerin."

„Ach du liebe Zeit, das hätte ich ja fast vergessen", entschuldigte sich die Fee und schwang wieder und wieder den Zauberstab, bis Aschenputtel so hinreißend aussah wie eine Prinzessin.

Ihr altes Kleid mit den Löchern wurde zu einem Ballkleid aus goldfarbener Seide, und ihr Haar war elegant frisiert. Zum Schluss gab die Fee Aschenputtel ein Paar gläserne Schuhe, die wie angegossen an ihre zarten, kleinen Füße passten. Schließlich sprach die Fee noch eine Warnung aus:

„Gib acht, Aschenputtel! Eins darfst du nicht vergessen: Bevor die Uhr Mitternacht schlägt, musst du den Ball verlassen haben, sonst verwandelt sich die Kutsche wieder in einen Kürbis, die Pferde in Mäuse, der Kutscher in eine Ratte und die Diener in Eidechsen … und deine Kleider werden wieder Lumpen sein."

Voller Dankbarkeit versprach Aschenputtel, dies zu beachten und vor Mittenacht wieder zu Hause zu sein. Dann stieg sie graziös in ihre Kutsche, die in die Nacht hinausrollte, hin zum Palast und zum Ball des Königssohns.

Als Aschenputtel in den Ballsaal trat, verstummten alle Gäste und die Musik hörte auf zu spielen. Sprachlos vor Bewunderung starrte jedermann diese strahlende, unbekannte Schönheit an.
Der Prinz bat sie, neben ihm Platz zu nehmen, aber dann war er kaum in der Lage, ein Wort herauszubringen, so bezaubert war er von ihr. Dennoch forderte er Aschenputtel zum Tanz auf, und sie bewegte sich mit solcher Anmut, dass man den Blick nicht von ihr wenden mochte. Später ging sie zu ihren Stiefschwestern, grüßte sie höflich, aber sie erkannten Aschenputtel nicht.

Die Zeit verging wie im Flug, und Aschenputtel hörte die Turmuhr elf schlagen. Sogleich verabschiedete sie sich von dem Prinzen und verließ den Ballsaal. Wieder daheim, rief sie nach der guten Fee.

„Liebe Fee, wie kann ich dir danken? Das waren die schönsten Stunden in meinem ganzen Leben. Nur eins muss ich noch wissen: Der Prinz hat mich morgen zu einem weiteren Ball eingeladen."

Die Fee wollte gerade antworten, als Aschenputtels Stiefschwestern an die Tür klopften. Sie öffnete die Tür und rieb sich die Augen, als wäre sie soeben erwacht.

„Wie spät ihr gekommen seid", sagte sie, reckte und streckte sich.

„Es war ganz wunderbar", erzählten die Stiefschwestern. „Eine unbekannte Prinzessin war dort, die sehr freundlich zu uns war. Ganz offensichtlich hat sie gleich erkannt, dass es gut ist, sich mit uns beiden sehen zu lassen."

„Keiner weiß, wer sie ist", fuhr die Ältere fort. „Man sagt, der Prinz gäbe alles her, um herauszufinden, wer sie ist."

Aschenputtel lächelte und sagte: „Bitte, Schwester, leih mir dein altes gelbes Kleid, damit ich morgen zum Ball gehen kann, um diese bildschöne Prinzessin auch sehen zu können."

„Was? Du und zum Ball gehen. Bist du nicht ganz gescheit?", schrie die eine.

„Du würdest ganz und gar lächerlich aussehen. Man müsste sich schämen", wiederholte die andere. Und kichernd gingen die beiden zu Bett.

Am nächsten Abend schwang die gute Fee erneut den Zauberstab und verwandelte wiederum einen Kürbis in eine Kutsche, Mäuse in Pferde, eine Ratte in einen Kutscher, Eidechsen in Lakaien, und für Aschenputtels Kleid gab sie sich noch mehr Mühe als am Tag zuvor.

„Heute Abend musst du noch schöner sein als am vergangenen", sagte die Fee. „Statt Locken und Haarschmuck wirst du dein Haar offen tragen. Dein Kleid wird ganz aus Spitze gearbeitet sein, aber an den Füßen kannst du die gleichen hübschen Glasschuhe tragen."

Und so fuhr Aschenputtel wie eine Königin gekleidet zum Ball.

Auf den Stufen der Palasttreppe erwartete der Prinz sie schon ungeduldig. Als er Aschenputtel ankommen sah, glaubte er zu träumen: Sie war sogar noch schöner, als er sie in Erinnerung hatte.

    Zärtlich nahm er ihre Hand, und sie tanzten, drehten sich und schauten sich dabei unablässig in die Augen.

Aschenputtel war so entrückt, dass sie die Uhr die elfte Stunde nicht schlagen hörte. Erst beim letzten Schlag der Uhr um Mitternacht riss sie sich aus den Armen des Prinzen los und eilte wie von Sinnen aus dem Saal.

So schnell sie nur konnte, lief sie die große Palasttreppe hinunter. In der Eile verlor sie einen der gläsernen Schuhe, bevor sie im Dunkel der Nacht verschwand.

Der Prinz lief ihr nach, aber er konnte sie nicht erreichen – nur den gläsernen Schuh fand er noch auf der Treppe. Vorsichtig nahm er ihn auf, küsste ihn und befahl seinen Wachen, auf die Suche nach dieser wunderschönen, unbekannten Prinzessin zu gehen. Doch sie schien wie vom Erdboden verschluckt.

Aschenputtel kam außer Atem zu Hause an, ohne Kutsche, ohne Kutscher, ohne Pferde und Lakaien, in ihren alten Kleidern. Alles, was ihr von diesem bezaubernden Abend geblieben war, war einer der gläsernen Schuhe.

Als ihre Stiefschwestern heimkamen, fragte Aschenputtel, ob die schöne Prinzessin wieder da gewesen sei.

„Ja, sie war da", sagte die Ältere, „aber als die Uhr Mitternacht schlug, lief sie ohne eine Wort des Abschieds davon."

„Sie lief so schnell weg", ergänzte die Jüngere, „dass sie einen ihrer gläsernen Schuhe verlor. Der Prinz hob ihn auf und wollte fortan für den Rest des Abends weder sprechen noch tanzen. Er starrte nur noch auf diesen Schuh."

„Er ist hoffnungslos in sie verliebt", sagte wieder die Ältere, „und er wird alles daransetzen, sie wiederzufinden."

Und in der Tat: Am nächsten Morgen erschien ein Bote des Königs, der verkündete, dass der Prinz das Mädchen heiraten werde, dem der gläserne Schuh tadellos passe. Zunächst mussten alle Prinzessinnen und Herzoginnen den Schuh anprobieren, dann alle Edelfräulein des Landes, aber niemandes Fuß war so zart und fein. Schließlich kam der Schuh auch zu den beiden Stiefschwestern, die versuchten, ihren Fuß in den Schuh zu quetschen – vergeblich.

„Und nun du", sagte der königliche Bote zu Aschenputtel.

„Ihr beliebt zu scherzen", entsetzten sich die beiden Stiefschwestern. „Aschenputtel ist nur eine Küchenmagd!"

„Ich habe Befehl, allen Frauen des Reichs diesen Schuh zur Anprobe zu reichen", entgegnete der Bote.

Er kniete vor Aschenputtel nieder und hielt ihr den Schuh hin. Sie ließ ihren Fuß mühelos hineingleiten, und er passte tadellos. Nun holte Aschenputtel den zweiten gläsernen Schuh aus ihrer Schürzentasche und zeigte ihn den erstaunten Stiefschwestern.

Dann erschien noch einmal die gute Fee, und mithilfe ihres Zauberstabes verwandelte sie Aschenputtels Lumpen in ein Kleid, das die vorherigen an Schönheit noch weit übertraf.

Die bösen Stiefschwestern erkannten sofort die schöne Unbekannte aus dem Ballsaal, fielen auf die Knie und baten sie um Verzeihung. Aschenputtel schloss die beiden in die Arme und vergab ihnen von ganzem Herzen. Sie wurde dann zum Königspalast gebracht, wo der Prinz in ihr seine Angebetete erkannte.

Sie erschien ihm noch weit schöner als die beiden vorangegangenen Male, er umarmte sie innig und schwor ihr ewige Liebe und Treue. Sie heirateten und bekamen viele Kinder.

Da Aschenputtel nicht nur schön, sondern auch gut war, holte sie die beiden Stiefschwestern an den Hof und verheiratete sie mit zwei Grafensöhnen.

ENDE

Dornröschen

Es waren einmal ein König und eine Königin, die liebten sich sehr, aber hatten keine Kinder. Das machte sie sehr, sehr traurig. Eines Tages aber nahm die Königin ein Bad im Teich nahe der Burg. Der Himmel war strahlend blau, und die Vögel zwitscherten, aber die Königin war trotzdem traurig. Sie seufzte: „Ach, hätte ich doch nur ein Kind!"

Da sprach ein Frosch, der vor ihr auf einem Seerosenblatt saß: „Königin, in einem Jahr und einem Tag werdet ihr ein Kind haben."

Und schon war der Frosch verschwunden.

Nachdem ein Jahr vergangen war, ging die Vorhersage des Frosches in Erfüllung: Die Königin bekam ein niedliches kleines Mädchen. Zur Taufe des Kindes feierten der König und die Königin ein großes Fest, zu dem die sieben Feen des Landes als Patinnen geladen wurden, aber auch viele Freunde und Würdenträger. Jede Fee sollte der kleinen Prinzessin etwas schenken, wie es damals Brauch war.

Nach der Taufe gingen alle Gäste in die Empfangshalle, wo zu Ehren der Patinnen ein Festmahl stattfand. Ihre Plätze waren mit goldenen Tellern und edelsteinbesetztem Besteck eingedeckt. Alle nahmen an der großen Tafel Platz. Nach dem Essen gingen die Feen nacheinander zur Wiege des Kindes, um ihm etwas Schönes zu verheißen.

Die erste Fee schenkte dem Kind Schönheit, die zweite Anmut, die dritte Klugheit. Die nächsten drei Feen versprachen ihr, dass sie einmal tanzen könne wie ein Engel, singe wie eine Nachtigall und verschiedene Musikinstrumente spielen könne. In diesem Moment erklang eine schrille Stimme, die allen das Blut in den Adern gefrieren ließ. Eine dunkle Gestalt trat in die Halle. Es war eine grässliche, böse Fee, die nicht eingeladen worden war. Niemand hatte sie in den letzten fünfzig Jahren mehr gesehen. Man dachte, sie sei tot.

„Soso!", meckerte die Alte. „Ihr habt mich nicht eingeladen. Ich komme trotzdem, um der Prinzessin ein Geschenk zu machen. Und das ist es: Vor ihrem 15. Geburtstag wir sie sich an der Spindel eines Spinnrades stechen und tot umfallen. Haaahahaha!"

Alle Gäste waren entrüstet über diese schreckliche Verwünschung. Wie versteinert standen sie da und konnten es gar nicht fassen. Da trat die jüngste und schönste der Feen vor. Sie stand bisher ganz hinten und hatte gewartet, um als Letzte zu sprechen, falls etwas Schlechtes die Prinzessin bedrohe. Da dies eingetroffen war, sprach sie nun:

„Verehrter König, verehrte Königin. Ich kann den Fluch der alten Fee zwar nicht ungeschehen machen, aber ich kann ihn abmildern. Die Prinzessin wird sich wohl an einer Spindel stechen, aber nicht sterben, sondern hundert Jahre lang schlafen, bis ein Prinz kommt und sie aufweckt."

Sogleich befahl der König, alle Spinnräder im Reich verbrennen zu lassen. Es war unter Strafe verboten, noch eines zu besitzen.

Nach einigen Jahren war die Prinzessin, ganz nach den Prophezeiungen der Feen, zu einer jungen Frau mit bezaubernden Eigenschaften herangewachsen. Man musste sie einfach lieb haben.

    Eines Tages wurden der König und die Königin zu dringenden Regierungsgeschäften gerufen. Die Prinzessin blieb allein und ging von Raum zu Raum. Da entdeckte sie eine Treppe, die in einen Turm hinaufführte. Sie stieg neugierig empor und kam in einen kleinen, dunklen Raum, in dem eine alte Frau an einem Spinnrad saß.

„Oh, was ist denn das?", sprach die Prinzessin die alte Frau an.

„Das ist ein Spinnrad, mein Kind. Damit spinnt man Wolle", antwortete die Alte.

„Darf ich es auch einmal versuchen?"

„Aber gewiss, mein Kind. Jedes Mädchen sollte spinnen können."

Die Prinzessin hatte sich kaum an das unbekannte Gerät gesetzt, da hatte sie sich auch schon in den Finger gestochen. Die Prinzessin schrie kurz auf und brach zusammen. Die alte Frau verschwand im Nu.

Im gleichen Moment, als die Prinzessin bewusstlos zusammenbrach, fiel das ganze Schloss mitsamt seinen Bewohnern in einen tiefen Schlaf: der König und die Königin auf dem Thron, die Diener und Hofdamen dort, wo sie gerade standen, die Wachen und Soldaten an ihre Schwerter und Lanzen gelehnt. Auch der Schoßhund der Prinzessin sowie die Pferde im Stall – alle schliefen ein.

Überall herrschte völlige Stille. In kurzer Zeit wuchsen Tausende von Bäumen, Sträuchern, aber vorrangig Rosensträucher rund um das Schloss. Alles wuchs so rasend schnell, dass schon bald sogar die Zinnen der Türme überwuchert waren. Nicht einmal eine Maus konnte mehr das dichte Dornengestrüpp durchdringen und den Schlaf der Bewohner stören.

Hundert Jahre später war ein Königssohn aus dem Nachbarland in der Nähe des Schlosses auf der Jagd, als er plötzlich die Spitzen der Türme hinter all den Pflanzen erblickte. Er hatte gehört, dass Menschenfresser oder Zauberer dort ihr Unwesen trieben. Ein alter Bauer erzählte ihm jedoch die Geschichte mit der schlafenden Prinzessin und dem Prinzen, der sie einstmals erretten werde.

Der Prinz zögerte
keinen Augenblick und
galoppierte auf das Schloss zu.
Das Dickicht behinderte seinen Weg,
aber er schlug mir seinem Schwert eine Schneise
hindurch. Auf einmal gaben die Bäume und Schling-
pflanzen wie durch Zauberhand von selbst den Weg frei,
und der Prinz konnte ungehindert durch das Schlosstor reiten.

Eine Totenstille hing über dem Schlosshof. Die geröteten Gesichter der Wachen erweckten den Anschein, als seien sie soeben erst eingeschlafen, aber auch alle anderen Bewohner befanden sich in tiefem Schlaf.

Ehrfürchtig betrat der Prinz den Thronsaal und staunte, dass auch der König und die Königin und überhaupt einfach alle tief und fest schliefen. Dann ging er durch alle Räume des Schlosses. Schließlich kam er auch zu der Turmtreppe und stieg voll gespannter Ungeduld hinauf. Er kam in ein mit viel Gold geschmücktes Zimmer und sah das absolut Schönste, was man sich nur vorstellen kann.

Die Prinzessin lag in all ihrer Schönheit auf dem Bett. Ihre Augen waren geschlossen, und ihr ganzes Gesicht strahlte Frieden, Güte und Makellosigkeit aus. Der Prinz kniete nieder. Zitternd vor Aufregung beugte er sich über sie und küsste sanft ihre Stirn. Daraufhin öffnete die Prinzessin die Augen, sah ihn erstaunt an und rief aufgeregt: „Bist du es, mein Prinz? Du hast mich sehr lange warten lassen."

Der Prinz war außer sich vor Freude über diese Worte und verliebte sich Hals über Kopf in die Prinzessin. Er half ihr, sich aufzurichten, nahm sie in die Arme und bat sie, ihn zu heiraten. Die Prinzessin sah ihm tief in die Augen und willigte ohne Zögern ein.

Derweil wachte das ganze Schloss auf. Der König nahm das Gespräch mit der Königin dort auf, wo sie unterbrochen worden waren. Die Wachen und Soldaten nahmen wieder Haltung an, das Hündchen der Prinzessin begann zu bellen, die Pferde im Stall wieherten. Die Prinzessin kam aus dem Turmzimmerchen und stellte den Prinzen ihren Eltern vor.

Schon bald wurde im ganzen Reich die Hochzeit der Prinzessin mit dem Prinzen gefeiert. Die beiden lebten glücklich und zufrieden miteinander und bekamen viele Kinder, denen sie die Geschichte vom hundertjährigen Schlaf des Dornröschens oft erzählen mussten.

ENDE

Schneewittchen und die sieben Zwerge

Es war einmal vor langer Zeit, da saß mitten im Winter eine Königin am Fenster und stickte. Der Fensterrahmen war aus tiefschwarzem Ebenholz. Sie öffnete das Fenster, um die Schneeflocken zu beobachten, die zur Erde fielen, darum stach sie sich mit der Nadel in den Finger, und drei Tropfen Blut fielen in den Schnee.

„Ach", seufzte die Königin. „Hätt ich doch ein Kind mit einer Haut so weiß wie Schnee, Lippen so rot wie Blut und Haar so schwarz wie Ebenholz."

Schon bald danach ging ihr Wunsch in Erfüllung, und die Königin bekam ein kleines Mädchen mit einer Haut so weiß wie Schnee, Lippen so rot wie Blut und Haar so schwarz wie Ebenholz. Sie nannte es Schneewittchen.

Unglücklicherweise wurde die Königin bald nach der Geburt sehr krank und starb. Übers Jahr nahm der König sich eine neue Gemahlin. Diese war eine sehr schöne Frau, aber auch stolz und neidisch, sodass sie keine andere Schönheit neben sich duldete. Die neue Königin hatte einen Zauberspiegel, den befragte sie Tag für Tag:

„Spieglein, Spieglein, an der Wand.

Wer ist die Schönste im ganzen Land?"

Der Spiegel antwortete jedes Mal:

„Ihr Königin, Ihr seid die Schönste im ganzen Land!"

Die Jahre vergingen, und Schneewittchen wuchs heran. Dabei wurde sie von Tag zu Tag schöner. Die Königin befragte nach wie vor täglich ihren Spiegel, und eines Tages antwortete dieser:

„Ihr, Königin, ihr seid die Schönste hier, aber Schneewittchen ist tausend Mal schöner als ihr."

Die Königin hatte zwar längst damit gerechnet, aber nun war sie rasend vor Eifersucht, darum ließ sie den Jäger kommen und befahl ihm: „Bring Schneewittchen in den Wald und töte sie. Zum Beweis bringe mir ihr Herz in einer Schatulle, damit ich sicher sein kann, dass du gehorcht hast."

Der Jäger brachte Schneewittchen in den Wald, aber als er sein Messer hervorholte, begann das Mädchen zu weinen: „Bitte, ich flehe euch an, lasst mich leben. Ich werde in den Wald laufen und niemals zurückkommen. Die Königin wird es nicht merken", bettelte Schneewittchen. Der Jäger hatte Mitleid und ließ sie laufen. Er erlegte ein junges Reh, nahm dessen Herz und zeigte es der Königin zum Beweis, dass er gehorcht hatte.

Derweil lief Schneewittchen voller Angst durch den Wald. Sie verletzte sich an Dornen und sah wilde Tiere. Sie näherten sich ihr, taten ihr aber nichts zuleide. Schließlich brach die Nacht herein, und Schneewittchen war sehr müde.

Da sah sie endlich ein kleines Haus auf einer Lichtung. Die Tür war nicht verschlossen, daher ging das Mädchen hinein. Innen war alles so klein wie in einem Puppenhaus. In der Mitte des Raums stand ein Tisch mit einem weißen Tischtuch. Darauf standen sieben Tellerchen, daneben lagen sieben Löffelchen, sieben Messerchen und sieben Gäbelchen. An jedem Platz stand ein Becherchen. Entlang der Wand standen nebeneinander sieben kleine Betten.

Schneewittchen war sehr hungrig und durstig, darum aß sie ein wenig von jedem Tellerchen und trank einen Schluck aus jedem Becherchen. Danach war sie todmüde und wollte sich hinlegen. Sie versuchte ein jedes der kleinen Betten, aber keines wollte passen. Am Ende legte sie sich in das siebte Bettchen und zog die Beine an – so erschöpft war sie.

Es war finstere Nacht, als die Bewohner des Hauses wiederkehrten. Es waren sieben Zwerge, die jeden Tag hart im Bergwerk arbeiteten und dort nach Gold und Edelsteinen schürften. Als sie heimkamen, zündeten sie ihre sieben Kerzen an.

Dann bemerkten sie, dass während ihrer Abwesenheit jemand im Haus gewesen war.

„Wer hat auf meinem Stühlchen gesessen?", fragte der Erste.

„Wer hat von meinem Tellerchen gegessen?", fragte der Zweite.

„Wer hat von meinem Brot genommen?", fragte der Dritte.

„Wer hat mein Gemüse gegessen?", fragte der Vierte.

„Wer hat mein Gäbelchen benutzt?", fragte der Fünfte.

„Wer hat mit meinem Messerchen geschnitten?", fragte der Sechste.

„Wer hat aus meinem Becherchen getrunken?", fragte der Siebte.

Dann drehte der erste Zwerg sich zu seinem Bett und sah, dass das Bettzeug durchwühlt war. „Jemand hat in meinem Bettchen gelegen!", rief er zornig.

Die anderen Zwerge kamen hinzu, und alle schrien durcheinander: „In meinem Bettchen hat auch jemand gelegen!"

Am Ende fand er siebte Zwerg Schneewittchen in tiefem Schlaf. Er rief seine Freunde, und alle waren erstaunt. Sie holten ihre Kerzen und stellten sich rund um das Bett.
„Ah, wie schön sie ist", riefen sie voller Bewunderung aus.
Die sieben Zwerge wagten es nicht, Schneewittchen aufzuwecken.
Der siebte Zwerg schlief reihum eine Stunde lang bei den anderen im Bett.

Als es hell wurde, wachte Schneewittchen auf. Beim Anblick der sieben Zwerge fürchtete sie sich zunächst, aber diese fragten den Eindringling freundlich:

„Wer bist du?"

„Ich heiße Schneewittchen", antwortete sie und erzählte die ganze Geschichte, wie die böse Königin ihr nach dem Leben trachtete, wie der Jäger sie laufen ließ und wie sie das kleine Haus im Wald gefunden hatte. Die Zwerge machten ihr einen Vorschlag:

„Wenn du das Haus für uns in Ordnung hältst, Essen kochst, die Betten aufschüttelst, unsere Kleider wäschst und flickst, dann kannst du bei uns bleiben. Es wird dir an nichts fehlen."

Schneewittchen mochte die Zwerge gleich so gern, dass sie einwilligte. Nun wohnte sie also ebenfalls in dem kleinen Haus. Jeden Tag, wenn die Zwerge im Bergwerk arbeiteten, erledigte sie die Hausarbeit. Sie wusch und hielt alles in Ordnung. Wenn die Zwerge nach Hause kamen, stand das Essen auf dem Tisch. Da Schneewittchen aber den ganzen Tag über alleine war, warnten die Zwerge die hübsche Prinzessin:

„Sei vorsichtig, Schneewittchen! Lass niemanden ins Haus, wenn wir nicht da sind."

Zur gleichen Zeit war die böse Königin davon überzeugt, dass sie nun wieder die Schönste weit und breit sei. So ging sie zu ihrem Zauberspiegel und fragte: „Spieglein, Spieglein, an der Wand. Wer ist die Schönste im ganzen Land?"

Der Spiegel jedoch antwortete:

„Ihr Königin, Ihr seid die Schönste hier, aber Schneewittchen – bei den sieben Zwergen, hinter den sieben Bergen – ist tausend Mal schöner als ihr."

Wahnsinnig vor Eifersucht grübelte die böse Königin lange, wie sie Schneewittchen diesmal endgültig vernichten könne. Da sie außerdem eine Hexe war, schloss sie sich in ihrer Hexenküche ein. Dort vergiftete sie einen Apfel, der auf einer Seite rot und auf der anderen grün war. Er sah so verlockend, köstlich und saftig aus, dass niemand widerstehen konnte hineinzubeißen. Doch die rote Seite war giftig, während die grüne Seite harmlos war.

Sodann verkleidete sich die böse Königin als arme, alte Bäuerin. So hergerichtet ging sie zum Haus der sieben Zwerge. Sie klopfte an die Tür und rief: „Äpfel, schöne Äpfel zu verkaufen"!

Schneewittchen schaute aus dem Fenster und entgegnete:

„Es tut mir leid, ich darf niemanden hineinlassen. Die Zwerge haben es mir strengstens verboten."

„Aber ihr könnt doch einen Blick auf meine Äpfel werfen", schlug die falsche Bäuerin vor. „Seht ihr diesen wunderbaren Apfel? Es ist der einzige, den ich noch übrig habe. Ich konnte ihn heute nicht verkaufen. Ach, ich sage euch etwas: Wir teilen ihn! Ich lasse euch die schönere Hälfte, die rote, und ich werde mich mit der grünen begnügen."

Als Schneewittchen sah, wie herzhaft die alte Frau in ihre Hälfte des Apfels biss, konnte sie in der Tat nicht widerstehen. Sie drehte den Apfel und biss in die vergiftete rote Hälfte. Auf der Stelle fiel Schneewittchen tot zu Boden.

Die Hexe gackerte boshaft und ging zufrieden von dannen.

So fanden die sieben Zwerge ihr Schneewittchen auf dem Boden liegend, als sie abends von der Arbeit kamen. Schneewittchen atmete nicht. Die Zwerge versuchten alles Mögliche, um sie wieder zum Leben zu erwecken, aber vergeblich.

Die Zwerge mussten erkennen, dass Schneewittchen tot war. Sie trauerten drei ganze Tage lang, dann wollten sie sie beerdigen, aber sie sah immer noch so schön und rosig aus, als lebte sie noch.

„So können wir sie nicht in der Erde begraben", sagten sie sich.

Darum bauten sie für Schneewittchen einen Sarg aus Glas. Sie legten sie hinein und schrieben ihren Namen mit großen goldenen Buchstaben auf den Deckel. Sie stellten den Sarg oben auf den Berg und hielten reihum Wache bei ihr. Jeden Tag kamen die Tiere des Waldes dorthin und trauerten ebenfalls.

Eines schönen Tages kam ein Prinz auf den Berg geritten und sah Schneewittchen in ihrem gläsernen Sarg. Er ritt näher heran und war von ihrer Schönheit so entzückt, dass er sich Hals über Kopf in das tote Mädchen verliebte.

„Gebt sie mir mitsamt dem Sarg", sagte er zu den Zwergen. „Ich gebe euch dafür alles, was ihr wollt."

Zunächst lehnten die Zwerge das ab. Sie erzählten ihm die lange traurige Geschichte von Schneewittchen. Als sie sahen, wie bekümmert der Prinz war, gaben die Zwerge schließlich nach und überließen ihm den Sarg. Der Prinz rief seine Diener herbei, die die wertvolle Last tragen sollten. Sie hoben den Sarg auf ihre Schultern und gingen los. Plötzlich stolperte einer der Träger. Schneewittchen wurde geschüttelt, und das vergiftete Apfelstück fiel ihr aus dem Mund. Sie öffnete die Augen und hob den Deckel an: „Wo bin ich?", fragte sie erstaunt.

Der Prinz erzählte ihr, was zwischenzeitlich geschehen war, und bat sie, seine Frau zu werden. Der Prinz gefiel Schneewittchen gar zu sehr, und da er ihr außerdem das Leben gerettet hatte, willigte sie sogleich ein. Der Prinz brachte seine Verlobte auf sein Schloss, und die Hochzeit wurde vorbereitet. Auch die böse Königin wurde eingeladen. Noch einmal befragte sie ihren Spiegel:

„Spieglein, Spieglein, an der Wand.

Wer ist die Schönste im ganzen Land?"

Der Spiegel antwortete: „Ihr Königin, ihr seid die Schönste hier, aber die junge Prinzessin ist tausend Mal schöner als ihr.

Ungläubig und vor Wut schäumend ging die Königin zur Hochzeitsfeier. Als sie im Schloss war und ihre Stieftochter als Braut erkannte, erbleichte sie vor Missgunst. Die sieben Zwerge jedoch packten die böse Königin und ließen sie als Strafe für ihre Boshaftigkeit auf glühenden Kohlen tanzen, bis sie tot umfiel. Schneewittchen aber lebte glücklich und zufrieden mit ihrem Prinzen. Und wenn sie nicht gestorben sind, dann leben sie noch heute.

ENDE

Rotkäppchen

Es war einmal ein liebes kleines Mädchen, das hieß Rotkäppchen. Seine Großmutter hatte ihm vor langer Zeit einen roten Umhang mit Kapuze genäht, den trug es immerfort, und so kam das Mädchen zu seinem Namen.

Rotkäppchen lebte bei seinen Eltern in einem Haus am Waldesrand. Sie war allzeit glücklich und sorglos und träumte vor sich hin. Rotkäppchen war aber auch ein sehr freundliches und folgsames Kind, das sich oft Gedanken machte, wie es seinen Eltern oder seiner allerliebsten Großmutter eine Freude machen könnte.

Eines Tages erkrankte die Großmutter. Rotkäppchens Mutter packte einen Korb mit guten Sachen und bat das Mädchen: „Mein Liebes, die Großmutter ist immer noch krank und kann nicht aufstehen. Bring ihr diesen Kuchen und etwas Butter und leiste ihr für den Rest des Tages Gesellschaft."

Die Großmutter lebte recht weit weg, in einem anderen Dorf. Um dorthin zu gelangen, musste man den Wald durchqueren. Der Weg war ziemlich unheimlich.

Bevor Rotkäppchen losging, gab die Mutter ihr noch einen wichtigen Rat: „Sei vorsichtig und verlass auf keinen Fall den Weg. Sprich mit niemandem und achte darauf, vor dem Dunkelwerden wieder daheim zu sein.

Rotkäppchen versprach aufzupassen und winkte freudig, als sie davonhüpfte. Leichten Herzens macht sie sich auf den Weg, setzte einen Fuß vor den anderen, hielt nach Blumen Ausschau und beobachtete die Vögel im Unterholz.

„Großmutter wird es sicher gefallen, wenn ich ihr ein Sträußchen Blumen mitbringe", überlegte das kleine Mädchen und vergaß völlig die mahnenden Worte der Mutter. Und während sie das Körbchen hinstellte, um ein paar Blumen zu pflücken …

… sprang unvermittelt ein großer Wolf hinter einem Baum hervor. Er war hungrig, und seine Augen blickten finster. Aber er war auch listig. Er wusste, dass er freundlich sein musste, um das Kind nicht zu ängstigen. Schließlich wollte er nicht, dass sein Festessen davonlief. Also sprach er mit seiner sanftesten Stimme:

„Wohin des Wegs, kleines Mädchen, so alleine im Wald?"

„Ich bringe meiner Großmutter einen Kuchen und Butter. Sie ist krank", antwortete Rotkäppchen höflich.

Als es den Wolf so mit seinen unschuldigen Augen ansah, freute er sich schon, sie aufzufressen, und das Wasser lief ihm im Maul zusammen.

Der Wolf hatte seit drei Tagen nichts in den Magen bekommen, daher konnte er es kaum abwarten. Trotzdem fragte er weiter mit süßer Stimme: „Lebt deine Großmutter weit weg?"

„Ja, allerdings. Ihr Haus ist auf der anderen Seite des Waldes."

„Weißt du, ich würde deine Großmutter gern kennenlernen", sagte der Wolf. „Wenn du willst, gehe ich diesen Weg entlang, und du gehst dort entlang. Lass uns sehen, wer zuerst da ist!"

„Na gut", antwortete das Kind und hatte nun alles vergessen, was die Mutter gesagt hatte.

Ohne noch lange zu zögern, lief der Wolf los. Er kannte den Wald gut und nahm natürlich den kürzesten Weg.

Er lief, so schnell er konnte.

Derweil spazierte Rotkäppchen träumend den längeren, gewundenen Pfad entlang. Da es ein schöner Tag war, pflückte sie auch noch Haselnüsse, pflückte noch mehr Blumen und sprang nach den Schmetterlingen.

Der Wolf war nach kurzer Zeit beim Haus der Großmutter angelangt. Rotkäppchen würde noch lange nicht kommen. Der Wolf schlich sich auf Zehenspitzen an und klopfte drei Mal an die Tür.

„Wer ist da?", wollte die Großmutter wissen.

„Hier ist dein liebes Enkelkind. Ich bringe Kuchen und Butter", antwortete der Wolf, indem er Rotkäppchens Stimme nachahmte.

Die alte Frau merkte es nicht und rief vom Bett aus:

„Hebe den Riegel hoch!"

Der Wolf hob den Riegel hoch, und die Tür ging auf. Mit ausgefahrenen Krallen und weit geöffnetem Maul zeigte er seine spitzen Zähne, stürzte sich auf die Großmutter und verschlang sie.

Mit vollgefressenem Bauch schloss er zunächst die Tür, setzte sich die Schlafhaube der Großmutter auf den Kopf, ihre Brille auf die Nase und legte sich alsdann ins Bett, um auf die Ankunft Rotkäppchens zu warten.

Nach einer Weile kam das kleine Mädchen singend zum Haus und klopfte an die Tür.

„Wer ist da?", fragte der Wolf mit dunkler Stimme.

Zunächst erschrak Rotkäppchen, als sie die Stimme hörte, aber sie wusste ja, dass die Großmutter krank war, darum antwortete sie:

„Hier ist dein liebes Enkelkind. Ich bringe Kuchen und Butter."

Der Wolf rief nun mit etwas sanfterer Stimme:

„Hebe den Riegel an!"

Rotkäppchen hob den Riegel an, und die Tür öffnete sich. Als sie sich dem Bett näherte, zog der Wolf die Bettdecke hoch, um sich zu verstecken.

„Komm her, meine Gute", sagte der Wolf. Rotkäppchen ging zum Wolf und rief erstaunt aus: „Aber Großmutter, was hast du für lange Arme?"

„Damit ich dich besser umarmen kann, mein Kind", antwortete der Wolf.

„Aber Großmutter, was hast du für große Augen?"

„Damit ich dich besser sehen kann, mein Kind."

„Aber Großmutter, was hast du für große Ohren?", fragte Rotkäppchen weiter.

„Damit ich dich besser hören kann, mein Kind."

„Aber Großmutter, was hast du für große Zähne?", wollte sie schließlich wissen.

„Damit ich dich besser fressen kann!", grölte nun der Wolf, öffnete sein riesiges Maul und zeigte seine langen Reißzähne.

Rotkäppchen wusste nicht, wie ihr geschah. Der Wolf sprang aus dem Bett und verschlang das kleine Mädchen.

Der Wolf starrte zufrieden auf seinen Bauch, der jetzt prall und gefüllt war. Er legte sich auf das Bett, denn nach diesem üppigen Mahl brauchte er Ruhe. Kurz darauf schlief er ein, und sein Schnarchen wurde immer lauter und lauter.

Ein Jäger, der des Weges kam, hörte das merkwürdige Geräusch. Er konnte nicht glauben, dass eine alte Frau so laut schnarchen könne. Misstrauisch öffnete er die Tür des Häuschens und sah den Wolf tief schlafend im Bett der Großmutter. Er hob schon das Gewehr, um dem Wolf den Garaus zu machen, da wurde ihm klar, dass dieser die Großmutter wahrscheinlich gefressen hatte. Vielleicht konnte er sie noch retten!

Der Jäger senkte das Gewehr. Da der Wolf so tief schlief, nahm er eine große Schere und schnitt ihm den Bauch auf. Da sah er Rotkäppchen, wie sie herausgehüpft kam und rief: „Ui, was für eine Angst ich hatte! Es war so schrecklich dunkel da drin!"

Die Großmutter kam kurz danach zum Vorschein. Sie lebte noch, aber sie atmete schon ganz schwer.

Dann lief Rotkäppchen hinaus und holte einige schwere Steine, und der Jäger und die Großmutter füllten den Bauch des Wolfes damit. Anschließend holte die Großmutter Nadel und Faden und nähte den Bauch voller Steine wieder zu.

Nachdem der Bauch zugenäht war, versteckten die Großmutter, der Jäger und Rotkäppchen sich hinter einem Baum nahe am Haus. Bald darauf wachte der Wolf auf und fühlte, dass ihm etwas sehr schwer im Magen lag, darum ging er aus dem Haus hinaus zum Teich. Als er sich über die Wasseroberfläche beugte, um zu trinken, zog das Gewicht der Steine ihn noch vorne, und er stürzte ins Wasser. Er sank unmittelbar auf den Boden des Teichs und ertrank.

Der böse Wolf ward nie mehr gesehen. Der Jäger ging wieder seines Weges. Die Großmutter strich Butter auf den Kuchen, aß davon, und gleich ging es ihr viel besser. Und was unser Rotkäppchen betrifft: Es schwor sich, in Zukunft immer auf die Worte der Mutter zu hören.

ENDE

Über die Märchen

Bei den vorliegenden Märchen handelt es sich um Volksmärchen und Fabeln. In diesen Geschichten können allerlei wundersame Dinge passieren: Ein Frosch wird zum Prinzen, ein Kürbis zur Kutsche und ein ganzer Hofstaat kann 100 Jahre lang schlafen. Wir begegnen Hexen, Königen und Königinnen, Prinzen und Prinzessinnen, sprechenden Tieren und guten Feen. Obwohl die Handlung oftmals schrecklich ist, helfen uns Märchen doch über Urängste hinweg und zeigen Lösungen für Konflikte auf. Viele Märchen wurden mündlich von Generation zu Generation überliefert. Erst in jüngerer Zeit wurden sie schließlich niedergeschrieben. Andere stammen von bekannten Autoren, die die Märchen entweder „nur" gesammelt haben oder auf der Grundlage überlieferter Texte eigene Märchen geschrieben haben.

DER RATTENFÄNGER VON HAMELN

Diese Geschichte gemahnt uns nicht nur, unsere Versprechen zu halten, sondern beruht auf Tatsachen. Es ist nicht von Zeitgenossen schriftlich überliefert, was genau passierte, aber im niedersächsischen Hameln gibt es eine Tafel, auf dem steht, dass am 26. Juni 1284 ein Flötenspieler in bunter Kleidung 130 Kinder aus der Stadt geführt hat, die nie wieder gesehen wurden. Ein Straßenname, die Bungelose (= trommeltonlose) Gasse, erinnert außerdem daran. Bis heute darf in dieser Straße zum Gedenken an die verschwundenen Kinder keine Musik gespielt werden. Die bekannteste Version dieses Märchens ist die der Brüder Grimm von 1812, aber auch die Nacherzählung von Robert Browning von 1842 „The pied piper of Hamelin" ist weit verbreitet.

HÄNSEL UND GRETEL

Die Geschichte von Hänsel und Gretel wurde erstmals von den Brüdern Grimm im frühen 19. Jahrhundert schriftlich festgehalten. Diese Version stammte von der Erzählerin Henrietta Dorothea („Dortchen") Wild aus Kassel, die später Wilhelm Grimm heiratete. Bei all den verschiedenen Versionen müssen die beiden Hauptpersonen immer zusammenhalten und ihren ganzen Mut aufbringen, um die Angst zu überwinden.

DER DÄUMLING

Sowohl Ludwig Bechstein als auch Charles Perrault haben unter dem Titel „Der kleine Däumling" ein Märchen über eine zwar extrem winzigen, aber auch besonders pfiffigen Knaben geschrieben. Kinder mögen das Märchen besonders gern, weil hier ein aufgrund seiner Kleinheit ohnmächtig und hilflos scheinender kleiner Mensch – wie sie selbst – mit Mut und guten Ideen Großes bewirken kann.

ASCHENPUTTEL

Viele Kulturen kennen eine Form der Aschenputtelgeschichte, die älteste stammt wohl aus China. Die heute am weitesten verbreitete mit Fee und Kürbis stammt von dem Franzosen Charles Perrault aus dem 17. Jahrhundert.

Eins der berühmtesten und bekanntesten Märchen erzählt seit Generationen von der Schönheit, die von innen kommt, und dass Sanftmut und Großherzigkeit, ohne viel für sich selbst zu verlangen, am Ende belohnt werden.

DORNRÖSCHEN

Seit 1528 gibt es Abwandlungen des uns heute so gut bekannten Märchens. Die Version „La Belle au bois dormant", 1696, von Charles Perrault und „Dornröschen" von den Brüdern Grimm haben sich durchgesetzt.

Ältere Erzählungen, die vielmehr für Erwachsene denn für Kinder gedacht waren, erzählen detailliert von der Hochzeit von Prinz und Dornröschen, ihrem Eheleben und ihrem Nachwuchs.

Die metaphorische Deutung des Märchens betrifft die Pubertät. Das Sich-Erproben und die Krisen sind natürlich und werden im normalen Entwicklungsprozess überwunden.

SCHNEEWITTCHEN UND DIE SIEBEN ZWERGE

Die Brüder Grimm wählten für ihre Sammlung die Version der beiden Schwestern Jeanette und Amalie Hassenpflug aus Kassel, 1812, aber die Erzählung ist viel älter. Walt Disneys berühmter Zeichentrickfilm in Spielfilmlänge basiert auf der Grimm'schen Fassung. Grausamkeiten, die zuvor wegen der Kinder als Adressaten entfernt wurden (etwa das Verlangen nach Schneewittchens Herz), traten hier wieder hinzu. Dieses Märchen führt uns die destruktive Kraft der Eitelkeit vor Augen und erinnert an die Erfahrungen, die ein junges Mädchen machen muss, bevor es zur Frau wird und reif für eine Ehe ist.

ROTKÄPPCHEN

Obwohl „Rotkäppchen" schon lange vorher mündlich überliefert wurde, hat Charles Perrault es erst so recht bekannt gemacht (1697). Unabhängig davon, ob das Rotkäppchen oder die Großmutter durch den Wolf Schaden nehmen, schöpft das Märchen seinen Wortwitz und die Spannung aus dem Dialog Rotkäppchen/Wolf („Großmutter, warum hast du so große ..."). Charles Dickens sagte einmal: „Rotkäppchen war meine erste große Liebe. Ich wusste: Hätte ich Rotkäppchen heiraten können, wäre mir vollkommene Glückseligkeit zuteil geworden." Die Moral ist reichlich simpel: Sprich nie mit Fremden, auch wenn sie zunächst noch so höflich zu sein scheinen.

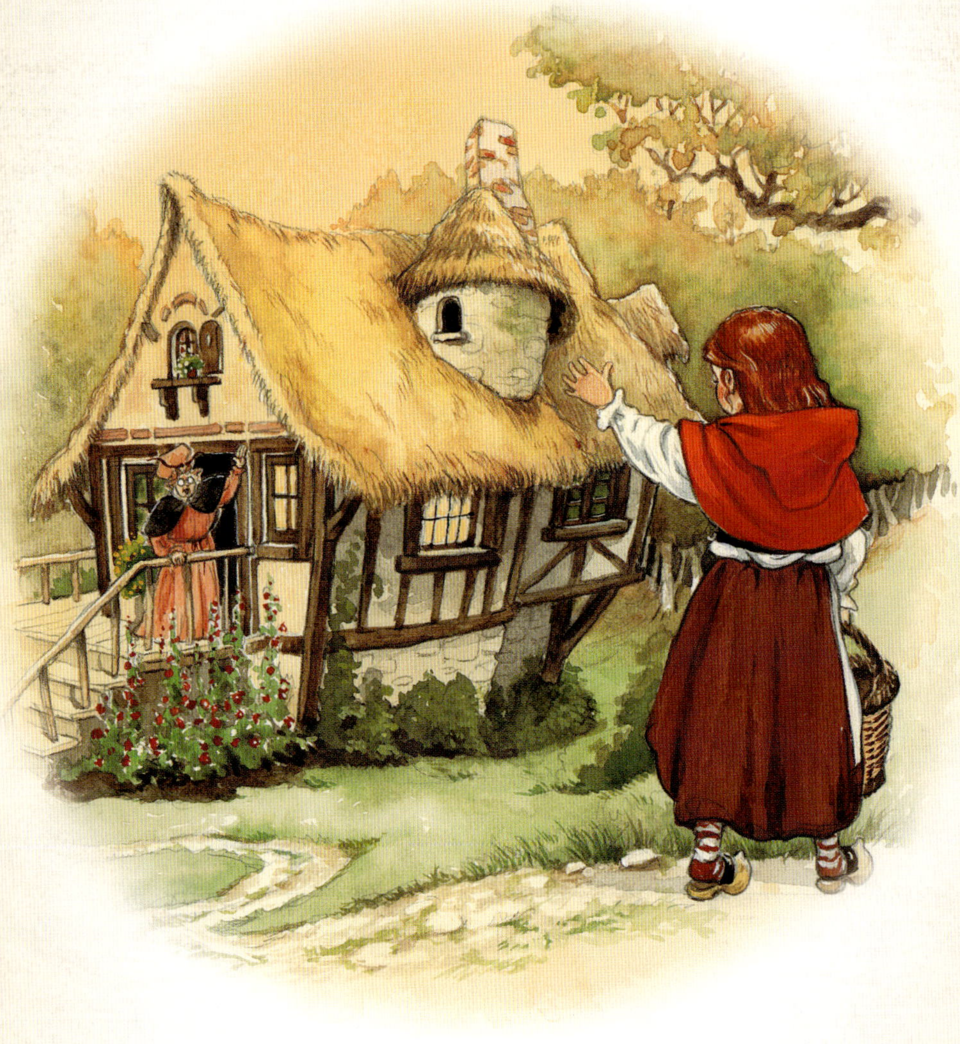